Jörg-H. Baumgarten

ZONS

Ein Stadtführer

mit
Fotos von
Achim Bednorz
und
Sigrid Scheuss

Wienand Verlag

Inhalt

Vorwort

Viele Menschen kommen im Laufe des Jahres als Besucher nach Zons. Angezogen vom mittelalterlichen Gemäuer der Stadt erfreuen sie sich an den restaurierten Fassaden, dem liebevoll erhaltenen Stadtbild mit Türmen und Türmchen, Plätzen und Winkeln. Versteckte Details bleiben dem Auge jedoch meist verborgen, und oft entsteht der Wunsch, mehr von der Geschichte dieser Stadt zu erfahren.
Der Zonser Stadtführer wird jedem Besucher ein sehr hilfreicher Begleiter sein. Er macht den Rundgang zu einer Entdeckungsreise, die die Vergangenheit der alten Zollfeste lebendig werden läßt.
Viel ist in den letzten 20 Jahren im Rahmen einer Sanierung für diese Stadt getan worden. Auch das in dieser Zeit eröffnete Kreismuseum und der eifrig betriebene Ausbau des Burggeländes erhöhen die Attraktivität von Zons. Die städtische Selbständigkeit hat Zons allerdings 1975 verloren. Mein Wunsch wäre, daß dieses Buch die nun Verantwortlichen für den Stadtteil „Feste Zons" stets ermahnt, in ihrer Fürsorge um den Erhalt und die weitere Restaurierung nicht nachzulassen.

Hannelu Manitz

Hannelu Manitz

(letzte Bürgermeisterin der selbständigen Stadt Zons)

STADTFÜHRUNGEN

(Dauer: 1–1½ Std.)
auf Anfrage beim
Heimat- und Verkehrsverein e.V.
Stürzelberger Straße 18
4047 Dormagen 5
Tel.: 02106 / 3772

FREILICHTBÜHNE

Märchenspiele: Regelmäßige Vorstellungen von Juni bis September sonntags nachmittags;
mittwochs und samstags siehe Jahresveranstaltungskalender

Klassisches Theater: während der Theaterwochen (Juli und August) sonntags abends und an verschiedenen Wochentagen

Auskünfte und Kartenvorbestellungen: beim Heimat- und Verkehrsverein e.V.
Stürzelberger Straße 18
4047 Dormagen 5
Tel.: 02106 / 3772

MÜHLE

Zur Besichtigung bei Frau Anneliese Rasselnberg, Mühlenstraße 24, läuten.

KREISMUSEUM ZONS

Burg Friedestrom
Schloßstraße 1
4047 Dormagen 5
Tel.: 02106 / 46715, 44001

Öffnungszeiten:
Di–Fr 14.00–18.00 Uhr
Sa, So und feiertags
10.00–12.30 Uhr
14.00–17.00 Uhr

FÄHRVERBINDUNGEN

(1. Mai – 30. September)
Auto- und Personenfähre von und nach Düsseldorf-Urdenbach
Mo–Fr 6.15–21.00 Uhr
Sa, So und feiertags
8.15–21.00 Uhr
Personenschiffahrt von und nach Düsseldorf-Benrath
Sonderfahrten von Düsseldorf und Köln

ABBILDUNGSNACHWEIS

Innentitel: Stilleben mit Zons. Maurilio Minuzzi. Radierung, 1981
A. Bednorz, Köln: Umschlag, 11 oben, 12, 14/15, 16/17, 18, 18/19, 20/21, 22, 23 oben, 26/27, 30/31, 32 unten, 34, 35, 36, 40, 41, 43, 33, 48, 49, 50, 51, 52, 53, 54, 56/57, 59, 60, 62, 64, 65, 68/69, 72; S. Scheuß, Dormagen: 3, 11 unten, 16, 23 unten, 24/25, 26, 31, 32 oben, 32/33, 37, 38/39, 42, 45, 46, 55, 60/61, 63, 66 oben, 67, 68/69, 70, 71; Aero-Foto A. Schwarzer, Mönchengladbach, Nr. 06/A236: 6/7; Zeichnung aus: P. Clemen, Kunstdenkmäler der Kreise Neuss und Grevenbroich, Düsseldorf 1895: 13; RBA, Köln: Nr. 179728: 14; H. Kienle, Dormagen: 58; Stadtarchiv Dormagen: 66

Lektorat: Kirsten Diederichs / Gestaltung: Studio Vogel / Herstellung: Druck- & Verlagshaus Wienand Köln

ISBN 3-87909-237-0

Geschichtlicher Überblick

1.–3. Jh.	Römerzeit. Funde von Urnengräbern und Villenresten.
7. Jh.	Fränkische Besiedlung. Funde von Grabbeigaben im Burgbereich.
11./12. Jh.	Kirche mit Friedhofsanlage im Burghof.
1288	Schlacht bei Worringen. Zerstörung der Zonser Burg durch Kölner Bürger.
1372	Rheinzollverlegung von Neuss nach Zons und
1373	Stadterhebung unter dem Namen „Friedestrom" durch Erzbischof Friedrich von Saarwerden.
1463	Verpfändung von Zons an das Kölner Domkapitel durch Mißwirtschaft des Erzbischofs Dietrich von Moers.
1475	Neusser Krieg. Kaiser Friedrich III. im Heerlager bei Zons.
1575/77	Zonser Schweinefehde. Versuch der Besitznahme durch Erzbischof Salentin von Isenburg.
1582/89	Kölnischer (bzw. Truchsessischer) Krieg. Zons Zankapfel nach Religionswechsel von Erzbischof Gebhardt Truchsess von Waldburg.
1620	Großer Stadtbrand. Zerstörung fast aller Häuser.
1623	Pestepidemie. Tod von über 600 Einwohnern.
1642	Im Dreißigjährigen Krieg: Jan von Werth im Heerlager bei Zons.
1646	Beschuß mit 671 Kanonenkugeln durch die Hessen am 28. September.
1784	Größte Hochwasserkatastrophe durch den Rhein.
1794	Einzug der französischen Revolutionstruppen. Folge: Anschluß des Linksrheinischen an Frankreich. Auch die Zonser werden für 15 Jahre französische Staatsbürger.
1802	Enteignung des kirchlichen Besitzes. Ende der Herrschaft des Kölner Domkapitels über die Stadt, damit auch der Sondergeschichte von Zons.
1803	Verkauf der Burg, später auch von Zollturm und Zollhaus.
1975	Eingemeindung nach Dormagen, 601 Jahre nach der Stadterhebung, unter dem Namen „Feste Zons".

Ansicht von Zons, Matthias Merian, 1646

Zons am Rhein. Luftbild

Aus der Vogelperspektive ist der mittelalterliche Stadtgrundriß in Form eines leicht verschobenen Rechtecks von 310×260 m deutlich zu erkennen.

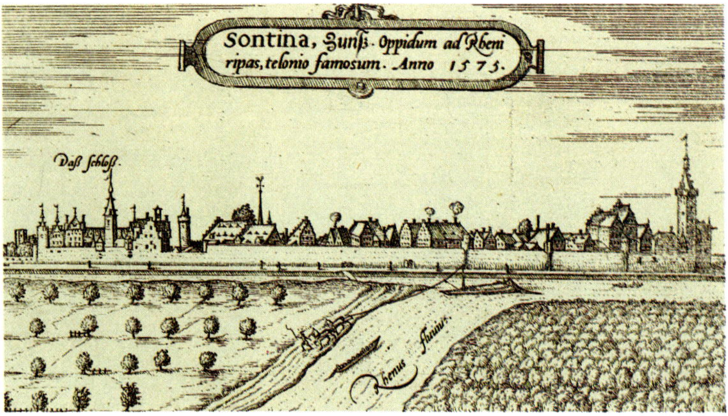

Zons 1575. Kupferstich, A. Braun / F. Hogenberg
Unten: Rheinverlagerungen (nach H.-G. Kirchhoff, 1985)

Zwischen Köln und Neuss liegt am linken Rheinufer das ehemals selbständige Städtchen Zons. Vor seiner Ostmauer führte bis zur allmählichen Rheinverlagerung der Handelsweg der Schiffe vorbei. Den Ausbau zur mauerumwehrten Stadt verdankte es der Lage am Strom, den Streitigkeiten der Neusser Bürger mit den Kölner Erzbischöfen und dem Verlanden des alten Flußbettes vor den Mauern des nahegelegenen Neuss. Dort befand sich die einträgliche Zollstelle des Erzbischofs und Kurfürsten von Köln, bis sie 1372 nach Zons verlegt wurde. Am 20. Dezember 1373 erhob der Kölner Erzbischof Friedrich von Saarwerden († 1414) das Zunce genannte kleine Dorf zur Stadt und baute sie zu einer wehrhaften Zollfeste aus, der er den Namen Friedestrom

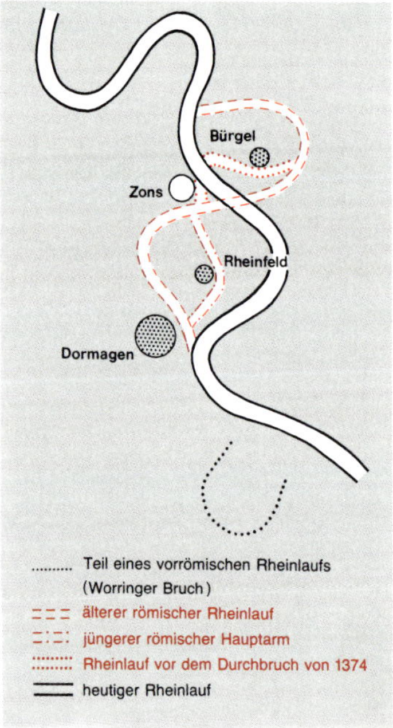

Vor der Ostmauer.
Rötelzeichnung, Johannes Kohlschein d. J.,
1944 (Kreismuseum)

gab. Der Ort war vermutlich schon seit fränkischer Zeit im Besitz der Kölner Kirche. Nach der Schlacht von Worringen (1288) wurde eine hier bestehende Burg von den Kölner Bürgern zerstört. Die erbeuteten Steine transportierten sie zur Verstärkung ihrer eigenen Stadtmauern ab.
Mehrfach veränderten Hochwasserkatastrophen den Rheinverlauf, wie kurz nach der Stadterhebung, als Zons durch den Fluß von seinem Pfarrort Bürgel getrennt wurde. Nun lag die Burg zu weit vom Rhein entfernt und erwies sich für die Zollstelle als ungünstig. Diese brachte man im 1388 errichteten nordöstlichen Eckturm der Stadt unter.
Umgeben von tiefen Wassergräben und der 1100 m langen Mauer bot Zons etwa 1000 Einwohnern (so auch heute) Raum und zuverlässigen Schutz.
Trotz zahlreicher Brände und Zerstörungen von Häusern blieb das mittelalterliche Erscheinungsbild bewahrt. Türme, Mauern, Giebel und Dächer regten Maler und Zeichner, besonders seit dem 19. Jahrhundert, an. Den Spuren der Maler auf ihrer romantischen Suche nach der „märchenhaften Welt des Mittelalters" folgen die vielen Besucher, die sich von der leicht verträumten Atmosphäre des Ortes einnehmen lassen.

Vor dem Rheintor

Am Rheintor. Aquarell, Theo Blum, 1924 (Kreismuseum)

Vor dem Rheintor bietet sich einer der malerischsten Blicke: der mächtige Zollturm mit dem vorgelagerten weißen Haus, das äußere Stadttor mit der Schutzengelfigur (19. Jh.) und die Dreifaltigkeitskapelle (1860). Der Komplex war von 1856 bis 1960 ein kleines Nonnenkloster. Mit den anschließenden Gebäuden erscheint die Anlage wie eine eigene Festung. Diese Wirkung verstärkt sich durch den Geländeabfall zum ehemaligen Rheinbett. Einen ähnlichen Anblick genossen auch die Reisenden auf den stromaufwärts fahrenden Schiffen, denen hier die Zöllner entgegenkamen, um sich nach mitgeführten Handelsgütern zu erkundigen.

Ostseite Richtung Zollturm

Ostseite mit Pfefferbüchse und Zollturm

Rheintor

Rheintor, Durchgang stadtauswärts

Stifterbild und Inschrift von 1388

Der Durchgang durch das Rheintor, der nördliche der beiden Stadtzugänge, ist als Doppeltoranlage erhalten geblieben. In den Angeln des äußeren Torbogens hängen noch die schweren Eichenflügel, die jeden Abend geschlossen wurden. Südlich des Innentores befindet sich auf halber Höhe des Zollturmes ein doppelbogiges Blendfenster. Vom einstigen Figurenschmuck blieb nur die Konsolfigur eines Hockemännchens. Adler- und Kreuzwappen an der Rahmung erklären die vor etwa 30 Jahren verschwundenen Skulpturen als den Kölner Erzbischof Friedrich von Saarwerden und den hl. Petrus. Der Stifter von Zons kniete vor dem Patron des Erzbistums, dem er vermutlich das Modell seiner Stadt schutzempfehlend entgegenhielt. Die beiden lateinischen Schriftzeilen unterhalb können als Geburtsurkunde des Turmes angesehen werden. Sie lauten: *Friedrich von Saarwerden, Erzbischof von Köln, errichtete mich im Jahr 1388 nach der Geburt des Herrn.*

Erzbischof Friedrich von Saarwerden († 1414).
Bronzefigur auf dem Grabmal im Kölner Dom

Friedrich von Saarwerden entstammte einem Grafengeschlecht von der Saar. Er genoß einen für seine Zeit nicht untypischen Aufstieg. Mit 22 Jahren wurde er Erzbischof von Köln und erhielt die mit diesem Sitz verbundene Kurfürstenwürde zur Wahl des Königs. In seinen Händen vereinigten sich nun kirchliche und weltliche Gewalt. Hinzu kam das Erzkanzleramt des Reiches für Italien. Mit dieser Machtfülle stand Friedrich an der Spitze der Reichsfürsten. Als er 1414 nach 44 Regierungsjahren in Bonn starb, hinterließ er ein geordnetes und an vielen Stellen gut befestigtes Fürstentum. Sein Grab fand er in der Marienkapelle des Kölner Domes, in der heute auch

Südostseite mit Zwinger und Burgbereich

Stefan Lochners Altar der Kölner Stadtpatrone steht. Die Bronzefigur auf dem Grabmal zeigt den Gründer der Zollfeste Zons in der Kleidung des Erzbischofs. Sein Gesicht trägt stark individualisierte Züge. Markante Augenbrauen, üppige Lippen und das kräftige Kinn verraten eine willensstarke Persönlichkeit.
Der Rheinzoll, einer von vielen am stark befahrenen Handelsstrom, brachte dem Erzbischof anfänglich reichen Gewinn. Aber schon der ihm im Amt nachfolgende Neffe Dietrich von Moers mußte – als Folge seiner Prunksucht und Fehden – Stadt und Zoll von Zons an das Kölner Domkapitel verpfänden. Die Domherren sahen sich oft zur Begleichung aller übernommenen Schulden nicht in der Lage und gerieten deshalb sogar mehrfach in den Kirchenbann. Alle gottesdienstlichen Funktionen mußten dann im Dom unterbleiben.
1463 starb Dietrich nach 49 Regierungsjahren der Mißwirtschaft auf der Burg Friedestrom in Zons. Eine Verfassungsurkunde, die Erblandsvereinigung, sollte ähnliches für die Zukunft verhindern.
Zons und sein Zoll konnten auch von den Nachfolgern bis zum Ende des Kurstaates (1802) nicht wieder ausgelöst werden. Beides verblieb in der Hand des Domkapitels, das jeden ungerechtfertigt erhobenen Nutzungsanspruch erfolgreich abwehren konnte.

Nordmauer

Die Nordmauer erstreckt sich vom Rheintor bis zum nordöstlichen Eckturm, dem Krötschenturm. Vorgelagert ist der Wall. Er umgibt die Stadt auf drei Seiten und entstand durch den Aushub

Nordmauer und Krötschenturm mit Wallanlage

des zwischen ihm und der Stadtmauer angelegten Grabens. Der Wall konnte zur Verteidigung außerhalb der Stadt genutzt werden und war durch einen zweiten Wassergraben seinerseits geschützt. Das Wasser leitete man vom Rhein ab.
Mauern und Türme sind im unteren Bereich größtenteils mit Säulenbasalt aus dem Siebengebirge, im oberen mit Backstein errichtet. Am Krötschenturm, der zeitweise als Gefängnis diente, läßt sich der geschlossene Wehrcharakter der Anlage erkennen. Der nördliche Abschnitt der Mauer ist mit drei ihr aufsitzenden, leicht vorkragenden Wachthäuschen bestückt. Alle haben Stubengröße und können durch einen Aufstieg zum Wehrgang von der Stadtseite her erreicht werden.

Krötschenturm

Westmauer

Mühlenturm mit Westmauer und Graben

Der Schweinebrunnen (Lohfl, 1959) befindet sich vor der Westmauer und dem ehemaligen Feldtor, das im 19. Jahrhundert abgerissen wurde. Die Brunnenplastik des ins Weite schauenden Mannes mit den fünf wasserspeienden Schweinen und ihren Artgenossen aus Bronze (Labusgas, 1987) soll an die Zonser Schweinefehde von 1575/77 erinnern. Erzbischof Salentin von Isenburg versuchte, das verpfändete Zons für sich wieder in Besitz zu nehmen. Zur Durchsetzung dieser Ansprüche ließ er dem Amtmann des Kölner Domkapitels 50 Schweine forttreiben. Als der Erzbischof abdankte, um zu heiraten, wurde der Verlust erstattet. Damit war der Streit für Zons siegreich beigelegt. Die Windmühle ist

Schweinebrunnen vor dem Feldtor

gleichzeitig der südwestliche Eckturm der Stadt. Er wurde noch im 15. Jahrhundert zur Mühle umfunktioniert und später nach Holländerart mit einer drehbaren Flügelklappe versehen. An dieser Stelle ist der tief abgemauerte Graben deutlich zu erkennen.

Südmauer

Südmauer und vorgelagerter Zwinger bilden für Stadt- und Burganlage eine mit Wassergraben und zusätzlicher Außenmauer versehene eigene Schutzzone. Sie gilt dem Südtor, dem einzigen von außen in die Burg führenden Zugang. Hinter dem Torbau bewacht der große Torturm den Weg zur Hauptburg. Der separate Eingang zur Vorburg ist nach den schlechten Erfahrungen der Erzbischöfe

Südtor der Burg und Zwinger

mit anderen Orten ganz bewußt so angelegt. Einer allseitigen Belagerung der Burg durch aufständische Stadtbewohner beugte man mit diesem Ausfalltor vor. Als Schutzherrin dieser Anlage stand in der Nische über dem Torbogen eine Muttergottesfigur (jetzt im Kreismuseum). Die Wappen zu beiden Seiten dokumentieren den Besitzanspruch des Stadtgründers.

Freilichtbühne
im Zwinger

Märchenaufführung Rumpelstilzchen

Die Freilichtbühne liegt rechts neben dem Südtor. Sie ist seit 1935 Schauplatz vieler Historienspiele und Märchenaufführungen der Zonser Spielgemeinschaft. Vor der Burgkulisse erwachen in den Sommermonaten die seit der Kindheit bekannten und beliebten Geschichten zu neuem, farbenprächtigem Leben.

Eisbrecherturm

Eisbrecherturm

Eisbrecher wird der südöstlich der Außenmauer des Zwingers stehende, kräftige Eckturm genannt. An ihm sollten die im Winter flußab treibenden Eisschollen zerbrechen und so die weniger starken Mauern vor Beschädigung schützen.
Auf dem alten Treidelpfad geht es zwischen der Mulde des ehemaligen Rheinarmbettes und der hohen Ostmauer weiter. Dort, wo sie am höchsten ist, markiert der Rest eines Turmes die südöstliche Ecke von Stadt und Burg. Während des Dreißigjährigen Krieges stand diese Seite mehrfach unter besonders heftigem Beschuß und wurde stark beschädigt. Die in der Nähe ins Mauerwerk eingelassenen Steinkugeln erinnern daran.

Kanonenkugeln in der Ostmauer der Burg

Ostmauer

Das Vorburggelände mit Herrenhaus (Kreismuseum) und Juddeturm bildet heute mit der Stadt eine Einheit. Das zugemauerte Schlupf-

tor im linken Mauerabschnitt führte zur Burg. Durch das neue Pförtchen rechts gelangt man auf den Schloßplatz.

Schlupftor und Eisenring in der Ostmauer

In der Ostmauer gab es das jetzt zugemauerte Schlupftor. Es ermöglichte in friedlichen Zeiten von der dahinterliegenden Vorburg aus einen direkten Zugang zu den Schiffen. Für sie waren auch die unten im Mauerwerk verankerten großen Eisenringe bestimmt. Sie dienten einmal zum Befestigen der anlegenden Schiffe und zeugen noch von der ehemals gewinnbringenden Nähe des Rheins. Wiesen, Äcker und Kopfweiden, die schon seit Jahrhunderten das Bild vor der Stadt bestimmen, lassen den in der Ferne hinter einem hohen Deich verborgenen Fluß nun fast ganz vergessen. Wenige Meter vom alten Törchen entfernt verschafften sich die größtenteils von der Landwirtschaft lebenden Bewohner im 19. Jahrhundert einen neuen Ausgang zu ihren Viehweiden. Nimmt man diesen Weg in die Stadt, gelangt man unmittelbar zum Vorplatz der Vorburg, in der das Kreismuseum untergebracht ist. Am östlichen Mauerabschnitt sind eine ganze Reihe röhrenartiger Öffnungen von eingemauerten Siegburger Tonkrügen zu erkennen. Diese aus Kirchen bekannten Schalltöpfe dienten dort zur Verbesserung der Akustik. Ihre hier beabsichtigte Funktion ist bisher nicht geklärt.

Kanone und Kugeln von der Ostmauer (Kreismuseum)

Im oberhalb gelegenen Burggelände fanden sich bei Grabungen wiederholt Steinkugeln, einmal sogar zwei kleine gußeiserne Kanonen. Sie waren nach Belagerung und Beschießung der Stadt zusammen mit den Gebäudetrümmern beim Einebnen des Geländes verschüttet worden. Jetzt kann man sie im Kreismuseum besichtigen. Diese wohl aus dem 15. Jahrhundert stammenden Kanonen werden in Köln entstanden sein, wo man schon 1377 die ersten dieser Waffen fertigte. Anfangs waren sie noch geschmiedet, aber schon für Steinkugeln bis zu 50 kg Gewicht berechnet. Wenn auch schwer zu handhaben, so verursachten sie doch eine beachtliche Wirkung. Bei einer Reichweite bis zu 400 Metern konnten sie große Breschen ins feindliche Mauerwerk schlagen und damit den nachrükkenden Fußtruppen einen Zugang zu Stadt oder Burg verschaffen.

Außerhalb der Stadt zieht sich der Weg weiter an der nördlichen Ostmauer entlang. Zwei achteckige Wachttürmchen – Pfefferbüchsen genannt – sitzen überkragend im Mauerverband. Ein drittes fiel, ebenso wie die jetzt nur halb wieder aufgebaute Mauer der dahinter liegenden Rheinstraße, den großen Überschwemmungen von 1784 / 1795 / 1799 zum Opfer.

Dennoch präsentiert sich dieser Abschnitt bis zum Zollturm ganz besonders malerisch. Die Türmchen, der geschwungene Barockgiebel, das Fachwerk der im Mauerverlauf stehenden Häuser sowie der mächtige Turm mit seinen Nebenbauten lassen die Idylle des um 1870 entstandenen Bildes von Christian Wilberg lebendig werden.

Südostansicht. Ölgemälde, Christian Wilberg, 1870 (Kreismuseum)

Jan von Werth

Jan von Werth. Kupferstich, Wenzel Hollar, 1635

Jan von Werth ist eine am ganzen Niederrhein durch den Karneval bekannte Figur. Er war eine durchaus reale Persönlichkeit. Sein Ruhm beruht auf zahlreichen kriegerischen Taten. Er stammte aus armen Verhältnissen in Büttgen bei Neuss und stieg wegen seines Mutes und seiner militärischen Erfolge im Dreißigjährigen Krieg bis zum Reitergeneral der kaiserlichen Armee auf. 1642 befehligte er ein Heer von 20 000 Soldaten, das vier Monate lang in Stellung gegen das feindlich besetzte Neuss vor Zons lag. Geadelt und mit Gütern in Böhmen reich versehen, starb er dort 1652.

Das Rheintor ist Ausgangs- und Endpunkt des Rundgangs um die Stadt. Beim Anblick des massiven Zollturmes läßt sich eine Belagerungssituation aus dem Dreißigjährigen Krieg leicht vorstellen: Am 28. September 1646 war die Verteidigung von der Höhe her ohne Zweifel im Vorteil gegen Oberst Rabenhaupt und seine hessischen Soldaten. Davon berichtet eine zeitgenössische Chronik des Pfarrarchivs: „*Die Weiber flüchteten auf den St. Petersturm, machten dort Baumstücke im Feuer glühend und warfen diese am Zollhaus auf die unten stehenden Feinde. Eine von diesen Amazonen riß einen schwe-*

ren Haustein von der Galerie los und schleuderte ihn hinunter." Dank der heldenhaften Frauen von Zons halfen den Hessen auch ihre 671 Kanonenkugeln nichts. Zu Recht konnte sich das nie eingenommene Zons mit den Worten des Chronisten als „semper virgo" (stets Jungfrau geblieben) bezeichnen.

Der Durchgang zwischen äußerem und innerem Tor macht auch heute noch die prekäre Situation des Eindringlings deutlich, der, wie in einer Mausefalle, dem Beschuß aus dem Torhaus ausgeliefert war. Der Verfolgte, Flüchtige oder Bedrängte jedoch war froh, wenn er das äußere Tor passiert hatte. Für ihn galt das Wort: Stadtluft macht frei! Kein Herr konnte innerhalb der Mauern Anspruch auf seinen Unfreien oder einen entlaufenen Knecht geltend machen.

Die Achse der Stadt bilden die von den beiden Stadttoren her rechtwinklig aufeinander zuführenden Straßen: vom Rheintor die Rheinstraße, vom Feldtor die (ehemals Feldstraße genannte) Schloßstraße. Sie münden der Vorburg gegenüber in den Schloßplatz, an dem sich früher der Markt und die städtische Verwaltung befanden.

Durchgang in die Stadt

Links:
Rheintoranlage mit Zollturm und Kapelle

Rheinstraße

Metzgerzeichen in der Schloßstraße

Rheinstraße

Die hinter dem Rheintor liegenden Häuser gehören zum ältesten Bestand des Ortes. Die hohen Fachwerkbauten entstanden in dieser Form erst nach dem großen Stadtbrand von 1620. Die zwischen den Häusern über die Dächer hinausragenden Brandmauern lassen ihre vorherige Höhe deutlich erken-

Die ältesten Häuser der Stadt

nen. Auch der freistehende steinerne Stützpfeiler stammt sicher noch vom Vorgängerbau. Geschickt ist mit Erker und überkragenden Obergeschossen der schmale Hausgrundriß erweitert worden.
Das mit barockem Schweifgiebel versehene Haus auf der linken Seite trägt in den Zugankern angegebenen: A (für lat. anno = im Jahr) 1620. Oberhalb der großen Tür ist ein mit Blattmaske und Rankenwerk geschmückter Stein von 1697 in die Wand eingelassen. Auf ihm sind Anker und Nebelhorn als Hauszeichen, Vorgänger der heutigen Numerierung, zu sehen.

Zonser Türen

Türen sind Visitenkarten. Wie die Fassade eines Hauses verkünden sie das Selbstverständnis des Erbauers. Großflächig geschwungene Felderung ziert die eichenen Doppelflügel.
Herrschaftliche Treppen erlauben dem Gastgeber, von erhöhter Bühne herab seine Gäste zu begrüßen. Die Türrahmung wird zum kleinen Triumphbogen. Das Sprossenwerk der Oberlichter, gedacht als diebessichere Gitterung, verästelt sich zur filigranen Krone.

Schloßstraße 16

Rheinstraße 16

Wohlhabende Händler errichteten sich in bester Lage Repräsentationsbauten, deren Kellergewölbe mit allen auf dem Rhein gehandelten Gütern gefüllt waren.
In den Seitenstraßen ist der Anspruch geringer. Einfach, oft schmucklos, öffnet sich der einzige Türflügel dem Besucher. Die Stufen sind trichterartig nach innen gezogen, sie verlangen keinen distanzierenden Standpunkt.

Pfarrhaus, Hubertusstraße

Stadtbücherei, Schloßstraße

Nordmauer (innen)

Mauerstraße und Zollturm. Rechts: Krötschenturm

Vom inneren Rheintor gelangt man in die Mauerstraße. Die aus der Stadtmauer herausragenden Verzahnungssteine markieren die nicht ausgeführten Bögen des Wehrganges. Den kompletten Zustand vermitteln nur die Wachthäuschen und die ausgebaute Südmauer. Der Grund für den unterlassenen Ausbau liegt in der Erfindung der Kanonen. Gegen sie half nur ein genügender Sicherheitsabstand. So umgab man die Stadt nach 1400 mit weiteren Wällen und Gräben.
Zu diesem Mauerabschnitt führt vom Hospitalplatz her das schmalste Gäßchen. Der nordwestliche Eckturm, der Krötschenturm, ist noch mit dem zur Verteidigung bereiten Zinnenkranz ausgestattet. Aber die kriegerischen Zeiten sind vorbei, selbst das Gefängnis in diesem Turm ist von Efeu überwuchert.

Wendelstraße und Wachthäuschen

Westmauer (innen)

Zur Westmauer führt der Weg am höchstgelegenen Punkt von Zons vorbei. Er trägt sinnigerweise die Straßenbezeichnung „Hohes Örtchen“.
Die Wendelstraße liegt dicht an der Mauer. Zwei kleine Fachwerkbauten, Galerie und Keramikwerkstatt, sind mit dem Wachttürmchen der Mauer zu einem Komplex zusammengewachsen. Von der Giebelseite her wirken sie durch ihre übereinandergestaffelten Pultdächer wie halbe Häuschen auf der Suche nach ihrer zweiten Hälfte, die man auf der anderen Seite der Stadtmauer vermuten möchte.

Pfarrkirche

Der hohe spitze Turm der Pfarrkirche St. Martinus gehört unverwechselbar zur Zonser Stadtsilhouette. Der jetzige große Backsteinbau stammt aus dem 19. Jahrhundert und wurde 1875–79 nach Plänen des Kölner Dombaumeisters Vinzens Statz errichtet. Mit ihrem hochgotischen Formenrepertoire bietet die Kirche ein ausgewogenes Beispiel für die Neugotik. Das schlichte Äußere fügt sich mit der Ziegelmauerung harmonisch in die weitgehend vom gleichen Material bestimmte Umgebung ein. Das Portal ist mit einem baldachinartigen Wimperg bedacht, den eine Kreuzblume krönt. Die Kirchentür zeugt mit ihren noch aus der Erbauungszeit stammenden Flügeln und den großflächig ausgelegten schmiedeeisernen Beschlägen von Traditionsbewußtsein und handwerklichem Können der Kunstschmiede. Säulen und Blattornamente erscheinen hier in Anlehnung an die in der Geheimen Offenbarung des Johannes (22,2) genannten Lebensbäume, zwischen denen das vom Thron Gottes und des Lammes entspringende Wasser des Lebens fließt.

Kath. Pfarrkirche St. Martinus

Links: Westportal

Zonser Schöffensiegel von 1386
(Original: Düsseldorf, HStA)

Das Siegel von 1386 zeigt den hl. Martin, den Schutzheiligen der Franken. Es diente dem schon vor der Stadtgründung hier ansässigen Schöffengericht. Möglicherweise gab es ein ähnliches Siegel der Schöffen mit Martinsbild schon in vorstädtischer Zeit. Die vor einigen Jahren im Burghof ergrabene Kirche aus der Zeit um 1200 könnte demnach das gleiche Patrozinium gehabt haben.
Nach der Stadterhebung entstand dann an dieser Stelle eine Kirche, die 1408 fertiggestellt und bis zur Errichtung der heutigen genutzt wurde. Als Erinnerung an den Vorgängerbau übernahm man einen Schlußstein mit dem Doppeladlerwappen des Friedrich von Saarwerden in die Gewölbekappe der Vierung.
Einige Ausstattungsstücke der alten Kirche, aus Klassizismus und Rokokozeit stammend, sind ebenfalls noch vorhanden.
Im übrigen zeigt sich die dreischiffige Halle als klarer, wohlproportionierter Raum, der mit dem Hochaltar und den Chorfenstern, den hochaufstrebenden Säulen und Gewölben Gedanken der mittelalterlichen Gotik aufnimmt und fortführt.

Rechts: Blick in den Chor

Kreuz vom ehemaligen Franziskanerkloster

Das hohe Steinkreuz südlich der Pfarrkirche stand ehemals vor der Franziskanerkirche. Es erinnert hier auf dem früheren Friedhof mit seinen barocken Grabkreuzen an das abgerissene Kloster, das im 17. Jahrhundert auf dem zugeschütteten äußeren Burggraben, südwestlich des Juddeturms, errichtet wurde. Teile davon dienten bis 1967 als Rathaus und Schule. An seiner Stelle steht jetzt das moderne Bürgerhaus.

Schießscharte

Leuchternische

Mauerblümchen

An verschiedenen Mauerteilen haben sich in Schießscharten, Leuchternischen und an geschützten Stellen kleine ökologische Oasen gebildet. Selten gewordene Pflanzen und im rankenden Efeu nistende Vögel verwandeln die eher für kriegerische Auseinandersetzungen geschaffene Anlage in einen friedlichen Hort.

Weißer Mauerpfeffer

Westmauer

Zonser Windmühle

Die Mühle im Blick, führt der Weg vom Feldtor dicht an der Westmauer entlang. Auch hier wurde der Wehrgang nicht vollendet. Die geplante Bogenkonstruktion ist durch die verzahnt gesetzten Steine in der Mauer angedeutet. Vom Treppenaufgang der Südmauer können der dort voll ausgebaute Wehrgang und die Mühle gegen ein kleines Entgelt erstiegen werden. Der südwestliche Eckturm der Stadtmauer diente wohl schon im 15. Jahrhundert als Mühle.

Ein Aufstieg bis in die 250 Jahre jüngere Kappe lohnt sich allein wegen des Blicks auf den ganzen Ort, den Rhein und das jenseitige Flußufer.

Neben einem Modell der Mühle, ihrem Räderwerk und den Mühlsteinen fasziniert besonders das ganz oben auf der Flügelwelle befindliche Kammrad mit der eingeschnitzten Jahreszahl 1694. Beim Abstieg kann man das unterhalb der drehbaren Kappe sichtbare Rollenlager aus Holz bewundern.

Mühle

I Kappe
II Radboden
III Steinboden
IV Mehlboden
V Galerie
1 Flügel
2 Flügelwelle
3 Kammrad
4 Bremse
5 Rollenlager
6 Bunkel
7 Königsspindel
8 Sackwinde
9 Königsstirnrad
10 Spindelräder
11 Klauspindeln
12 Mahlgänge
13 Steinkran
14 Mehlpfeifen
15 Steert

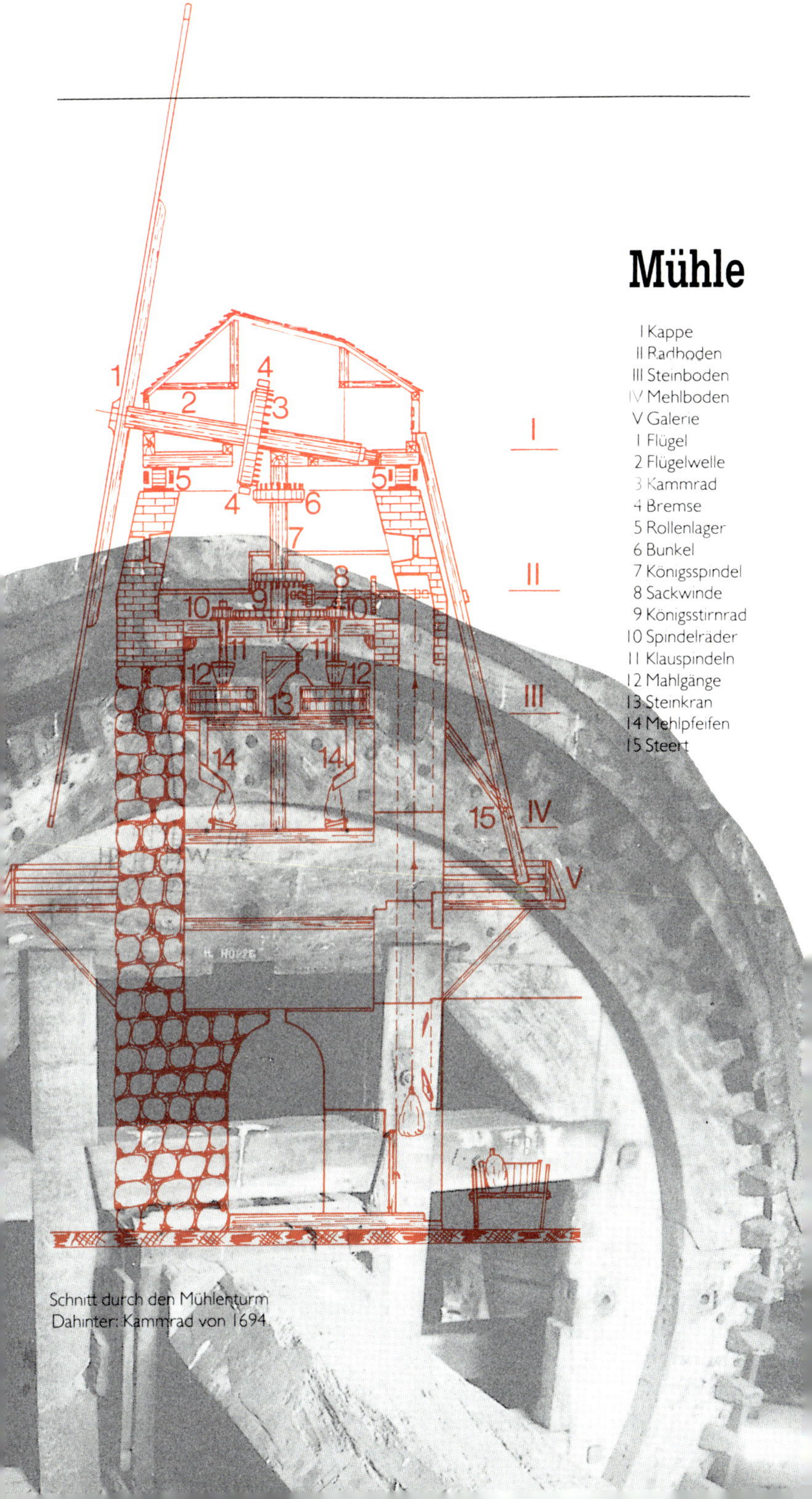

Schnitt durch den Mühlenturm
Dahinter: Kammrad von 1694

Hausheilige

Zons ist die lange klerikale Obhut noch anzumerken. In Nischen verschiedener Häuser fallen bunte Heiligenstatuen auf, unter ihnen viele Muttergottesfiguren. Ein besonderes Ereignis könnte der Grund dafür sein: Im Juli 1822 soll es am Muttergottesbild der Pfarrkirche zu unerklärbaren Lichtzeichen gekommen sein. Daraufhin setzte ein lebhafter Pilgerstrom ein, den erst die skeptische kirchliche Obrigkeit zum Stillstand brachte.

Grünwaldstraße 14

Schloßstraße 46

Museumsstraße 13

Juddeturm

Der massive Juddeturm sicherte als stadtseitiger Eckrundturm das Burggelände gegen drohende Eroberung. Im Wehrgang unterhalb der geschweiften Barockhaube sind neben den Schießscharten auch vier offene Gießlöcher in den Bögen zu sehen. Durch solche Pechnasen schüttete man im Bedarfsfall glühendheißes Pech, Steine, kochendes Wasser oder brennende Holzscheite auf anstürmende Feinde herab.
Der große Platz zur Rechten führt zum Bürgerhaus (Stadtinformationen).

Rechts: Juddeturm
von der Grünwaldstraße aus

Kreismuseum im Herrenhaus (Vorburg)

Zinnsammlung und barocke Stuckdecke

Jugendstilleuchter, Victor Horta, Belgien, um 1900

Das Museum des Kreises Neuss besteht seit 1972. Bei dem Gebäude handelt es sich um die seit dem 17. Jahrhundert zum „Herrenhaus" umgebaute mittelalterliche Vorburg. Zu dieser gehört noch der große, für Veranstaltungen genutzte Gewölbekeller mit zwei tiefen, gemauerten Brunnen. Das Museum hat sich durch Wechselausstellungen und zahlreiche Aktivitäten einen guten Ruf erworben. Hauptbestand ist eine ansehnliche Sammlung von Jugendstilzinn. Ein Großteil stammt von der Firma Kayser in Krefeld, deren künstlerisches Atelier sich in Köln befand. Auch aus Belgien und Frankreich sind formvollendete Beispiele vertreten. Das Obergeschoß ziert eine wertvolle Stuckdecke (1652) mit drei Szenen aus der Weihnachtsgeschichte. Dieser bedeutende Beleg niederrheinischer Barockkunst konnte aus einem Patrizierhaus in Emmerich gerettet werden.

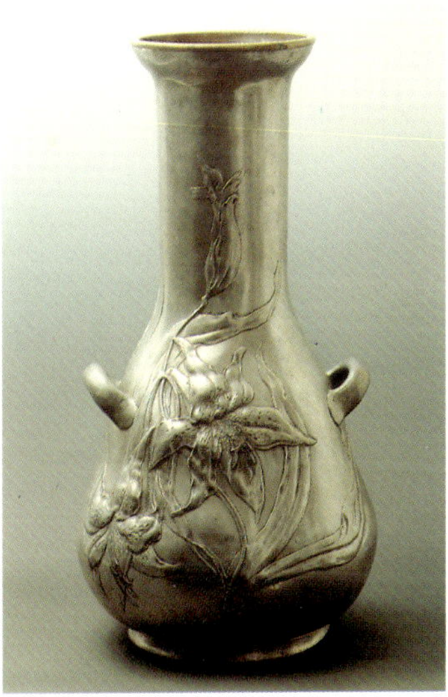

Vasendekor, Kayserzinn, Krefeld, 1894–96

Muttergottesfigur vom Südtor, Köln um 1400

Zum Hausbestand zählt eine Reihe von Dauerleihgaben der Stadt Dormagen als Rechtsnachfolger der ehemaligen Stadt Zons. Dazu gehören die beiden gotischen Muttergottesfiguren aus dem Feld- und dem Südtor. Sie sind und mit ziemlicher Sicherheit im Auftrag des Erzbischofs Friedrich von Saarwerden um 1400 in einer Bildhauerwerk-

Muttergottesfigur vom Feldtor, Köln um 1400

statt des Kölner Domes geschaffen worden. Aus gleichem Besitz ist der künstlerische Nachlaß des mit Zons eng verbundenen Kölner Malers Theo Blum (1883–1968). Seine niederrheinischen Landschaftsbilder und Ansichten von Zons ergänzen die Werke des Museums von Künstlern der Düsseldorfer Malerschule.

Vorburg

Im „Remisengebäude", der Bootshalle, sind einige Objekte zur Rheinfischerei ausgestellt, die für Zons einmal von Bedeutung war. Der Juddeturm beherrscht das parkähnliche Vorburggelände hinter dem Museum. Der Turm, in dessen Untergeschoß das Burgverließ liegt, verdankt seinen Namen wahrscheinlich der am Ort tätig gewesenen Kölner Patrizierfamilie von Judde. Unter dem Treppenauf-

Juddeturm und „Bootshalle"

gang ist eine aus der alten Pfarrkirche stammende Grabplatte angebracht. Kaum lesbar teilt sie mit: *...Mechthilde Judde... beiters mod bit got vur die seil.*
Rechts neben dem Turm steht der Rest des nördlichen Burgtores, ehemals die einzige Verbindung zwischen Burg und Stadt. Ihm gegenüber liegt das Südtor der Burg. Es führt durch den vorgelagerten Zwinger direkt ins freie Feld.

Blick durch das Südtor auf das ehemalige Nordtor der Vorburg

Hauptburg

Torturm, Graben und neuer Westtrakt

Vor- und Hauptburg waren durch einen ausgemauerten tiefen Wassergraben voneinander getrennt. Ein Teil davon blieb sichtbar, der andere ist mit Erdreich verfüllt. Die Hauptburg bildet seit dem Neubau des an den Torturm anschließenden Traktes wieder eine komplette Dreiflügelanlage. Der Zugang zum inneren Burghof war nur über eine Zugbrücke möglich, deren Kettenlöcher noch im Mauerwerk des Tores erkennbar sind. Auch hier dienten Gießlöcher im Bogenfries des Turmes der Verteidigung. Der Burghof wird rheinseitig durch die Ostmauer der Stadt begrenzt. Der ihr gegenüberliegende Westtrakt beherbergt das Archiv des Kreises Neuss und das Internationale Mundartarchiv „Ludwig Soumagne“. Der niedrige, an die Hauptburgmauer angelehnte Südtrakt mit teils altem Mauerwerk wird mit mehreren Werkräumen für museumspädagogische Zwecke genutzt.

Kirchenfundamente, Grabung im Burghof, 1982

Grabungen im Burghof brachten die Fundamente von zwei zeitlich aufeinanderfolgenden Kirchen zutage, deren Lage durch verschiedenfarbige Pflasterung (rötlich = um 1000 / hellgrau = bis 1200) nachgezeichnet ist. Eine der an diesem Ort freigelegten Bestattungen enthielt Schwert und Gürtelschnalle aus fränkischer Zeit (wohl 7. Jh.). Beim Bau des neuen Westtraktes entdeckte man die rundgemauerte Fäkaliengrube einer alten Latrinenanlage (13.–15. Jh.). Die untersuchten Reste dokumentieren mit über 60 Bestandteilen einen herrschaftlichen Speiseplan des Mittelalters.
Während der Restaurierungsarbeiten am Nordtrakt stieß man auf die Grundmauern des Vorgängerbaus, die den schräggestellten Ostgiebel und den apsisartigen Westabschluß am jetzigen Gebäude bestimmen.
Der Gewölbekeller trägt eine geräumige, für Veranstaltungen verwendete Halle. Sie wird in den Quellen „Große Kammer" genannt. An den Wänden hängen moderne Teppiche des Krefelder Textildesigners Helmuth Hahn. Die ornamentalen Wandmalereien im Vorraum könnten unter Erzbischof Dietrich von Moers ausgeführt worden sein, der 1463 auf der Burg starb.
Nach der Verpfändung an das Domkapitel residierte ein Domherr als Amtmann in der nun mit „Schloß" bezeichneten Burg. In der Säkularisationszeit wurde sie 1803 als Gutshof verkauft. 1962 erwarb die Stadt Zons die Burg und überließ sie dem Kreis Neuss zur kulturellen Nutzung.

Halle und Gewölbekeller im Nordtrakt

Stadtbücherei

Die heutige Stadtbücherei, ein ansehnlicher Bau von 1714 (siehe Inschrift auf dem Türbalken), liegt der Vorburg gegenüber. Das stattliche Hoftor weist auf die bäuerliche Bestimmung des Hauses hin.

Stadtbücherei

Den zugehörigen Kräutergarten erreicht man vom seitlich gelegenen Platz durch ein großes Tor. Nach der Wanderung um und durch die Stadt eignet er sich bestens zum Verweilen und Ausruhen inmitten duftender Pflanzen. Bis vor dem 2. Weltkrieg war das Gebäude ein kleines Kaufhaus im Besitz einer jüdischen Familie. Das Schicksal der Zonser Juden sah im Laufe der Geschichte nicht anders aus als das ihrer Glaubensgenossen am übrigen Niederrhein. Ansiedlungen und Ausweisungen wechselten einander ab. Der Judenfriedhof, weit außerhalb der Mauern in der Zonser Heide gelegen, zeugt einzig von dieser kleinen untergegangenen Gemeinde. Letzter Akt war die symbolische Schändung der schon nicht mehr genutzten Synagoge am 9. 11. 1938. Wenig später wurde sie abgerissen.

Kräutergarten

Kräutergarten hinter dem Büchereigebäude

Schloßplatz

Der achteckige, zweigeschossige Wachtturm, eine der beiden Pfefferbüchsen, schützte den Schloßplatz von der Ostseite her. Er steht unmittelbar an der Ostmauer, die an dieser Seite durch das katastrophale Hochwasser von 1795 zur Hälfte fortgeschwemmt wurde. Am Turmsockel sind Hochwassermarken ins Ziegelwerk eingelassen, die recht eindrucksvoll die ständig wiederkehrende Bedrohung durch den Rhein dokumentieren.

Pfefferbüchse in der Nähe des Schloßplatzes

Schloßplatz (ehemaliger Markt) mit Pfefferbüchse

Der kleine Marktplatz („Schloß-platz") war das eigentliche Zentrum der Stadt. Hier treffen die beiden Hauptstraßen vom Feldtor und vom Rheintor zusammen. Wochen- und Jahrmärkte wurden an dieser Stelle abgehalten. Das Bürgermeisteramt hatte seinen Sitz hier. Der Bürgermeister wurde aus der Reihe der Schöffen gewählt, die ebenfalls dem Stadtrat angehörten.

Rheinstraße 20

Die Bürgerhäuser mit ihren vornehmen Treppen liegen an der Rheinstraße zwischen Zollturm und Schloß. Sie lassen noch einen Schimmer der einstigen Bedeutung eines Zollortes erahnen. Einige Häuser haben den Zugang zu den Kellergewölben an der Fassadenseite. Wein, Getreide, Gewürze, Stoffe, Baumaterialien, Irden- und Metallwaren lagerten hier gewinnbringend.

Turmstraße

In der Turmstraße, wie in anderen Nebenstraßen, sind die Häuser einfacher. Meist weisen die Langseiten nach außen. Selten ist einmal ein Giebel in barocker Weise über den Hauseingang ins Dach gesetzt. Der ebenerdige Zugang deutet auf niedrige Kellerräume hin, die nicht zur Warenlagerung gedacht sind. In leicht geschwungener Linie kontrastieren die Häuser mit unterschiedlichen Farben und Stilen.

Fährhaus

Fährhaus von 1838

Hochwasser 1906

Das Fährhaus, errichtet 1838, liegt nördlich des Ortes am Fluß nahe der Fährstelle nach Düsseldorf-Urdenbach. An diesem „Gasthaus zur Rheinfähre" sind ein Großteil Zonser Unglücksdaten an der rechten Hausecke festgehalten. Für die Stadt Zons war der Rhein durch seinen ortsnahen Verlauf und die ihr von Erzbischof Friedrich von Saarwerden verliehenen Zollprivilegien stets eine gute und nicht un-

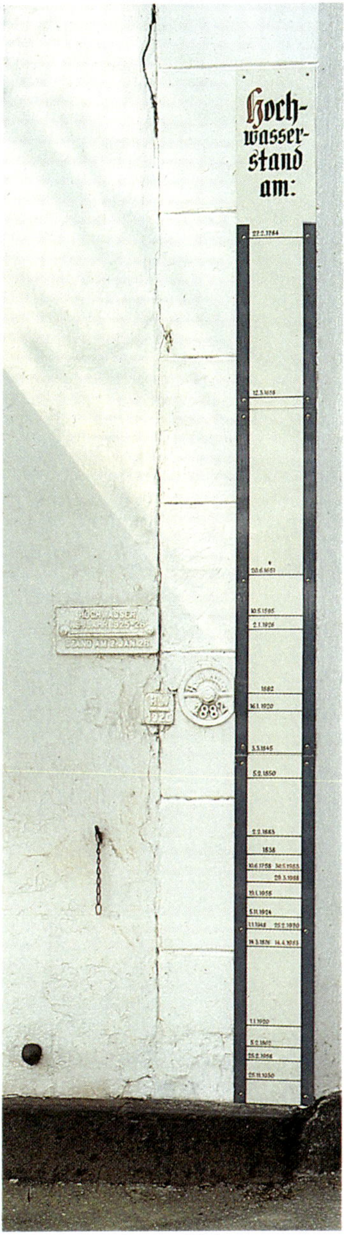

Hochwassermarken am Fährhaus

bedeutende Einnahmequelle gewesen. Dieser Segen verkehrte sich jedoch in Zeiten großer Hochwassernöte ins Gegenteil. Das weite, flache Land wurde überschwemmt, Saat und Ernte davongetragen, häufig verdarben die in den Kellern aufbewahrten Güter, und das Vieh ertrank. Als besonders bitter erwiesen sich die mit Eisgang verbundenen Winterüberflutungen, von denen die der Jahre 1784 / 1795 / 1799 die höchsten überhaupt dokumentierten Wasserstände erreichten. Die beiden letztgenannten Jahre waren schon ohne diese Naturereignisse durch die ins Land einmarschierten französischen Truppen unruhige und unsichere Zeiten. Bei den Überschwemmungen hatte das Wasser alle Häuser erreicht, die Straßen „Hohes Örtchen" und „Hinter der Mauer" ausgenommen. Die Pfarrkirche und auch das Erdgeschoß des Franziskanerklosters waren davon betroffen. Zwischen Feldtor und Rheintor mußten sich die Einwohner auf Booten vorwärts bewegen. Der in der Chronik gerühmten Hilfsbereitschaft umliegender Orte wie Rommerskirchen, Nievenheim und Dormagen war es zu danken, daß die Zonser nicht auch noch von der Hungersnot heimgesucht wurden. Die Bedrohung verringerte sich erst nach der Rheinregulierung (ab 1839) und dem Ausbau des Deichsystems. Dennoch gelangt manchmal selbst heute das Hochwasser bis in den Ort. Nun ist es weniger der eingedeichte Rhein, als vielmehr das bei Rheinhochstand emporgedrückte Grundwasser.

Rund um die Stadt

Alter Rheinarm

Der Deich bietet das friedliche Bild einer Landidylle. Schafe und Hirten ziehen am Rhein entlang über die Wiesen. Wanderer und Radfahrer nutzen bei jeder Witterung den Weg auf der Deichkrone. Sie gewährt zur einen Seite den Blick auf das geschlossene Erscheinungsbild der ummauerten Stadt, zur anderen Seite auf den Strom mit seinem

Auf dem Deich

In der Zonser Heide

lebhaften Schiffsverkehr. Das ebene Land mit den so charakteristischen Kopfweiden, die früher Lebensgrundlage des auch hier verbreiteten Korbflechterhandwerks waren, und die zarte Farbigkeit der westlich gelegenen Zonser Heide eröffnen dem Naturfreund weitere Möglichkeiten der Entdekkung.

Matthäusmarkt

Der Matthäusmarkt gehört, neben dem Schützenfest, zu den viel besuchten jährlichen Ereignissen des Ortes. Er wird in der zweiten Septemberhälfte abgehalten und steht in der Tradition des schon in der Stadterhebungsurkunde von 1373 gewährten Jahrmarkts zum Fest des Apostels und Evangelisten Matthäus (21.9.). Dieser Tag war mit Bedacht gewählt, denn nach biblischen Quellen ist der Heilige, bevor er zur Nachfolge Christi berufen wurde, ein Zöllner gewesen. Der sieben Tage dauernde Jahrmarkt diente damals sicher nur der Regionalversorgung landwirtschaftlicher und bäuerlicher Bedürfnisse. Dennoch strömten viel Volk, Händler, Fahrensleute und Gaukler in die Stadt. Solche Ereignisse brachten Neuigkeiten und Nachrichten, belebten auch das örtliche Geschäft. Diese längst untergegangene Markttradition wurde erst in den vergangenen Jahren wieder aufgegriffen. Aus diesem Anlaß rüstet sich Zons mit historischem Aufzug, Musikkapellen und Spielen. Vom Feldtor bis zum Rheintor reihen sich Händlerstände und Verkaufsbuden aneinander. Alte, wieder auflebende Handwerke sind zu sehen, wie z. B. die Kunst des Münzschlagens, die in Erinnerung an die von 1502–1505 unter Erzbischof Hermann von Hessen hier geprägten Münzen vorgeführt wird. Korbflechter, Holzschuhmacher, Weber, Glasbläser, Schmiede und Töpfer bieten ihre zum Teil vor den Augen der Besucher entstehenden Waren feil.

Matthäusmarkt-Attraktionen

Ritterspiele anläßlich des Matthäusmarktes

Auf den Wiesen vor der Ostmauer entsteht ein richtiges Turnierlager einer „Rittervereinigung“: bunte Zelte, Wappen, Rüstungen und Schwerter, prachtvoll geschmückte Pferde und die stets gegenwärtigen edlen Frauen! Der Betrachter vergißt vor der stimmungsvollen Kulisse von Stadt und Burg fast die eigene Zeit. Die Namen der Großen aus der blutigen Schlacht bei Worringen tauchen auf: Graf Adolf von Berg, Herzog Jan von Brabant und Erzbischof Siegfried von Westerburg kämpfen um den Turniersieg. Mit Sicherheit verlief diese für das Land am Niederrhein entscheidende kriegerische Auseinandersetzung ohne jeglichen Hauch von Ritterromantik. Auch Zons hatte damals seinen Preis mit der Zerstörung der erzbischöflichen Burg durch die Kölner Bürger zu bezahlen.

Was bleibt?

Hauszeichen
mit Anker und Nebelhorn,
1697, Rheinstraße 5

Was bleibt nach einem Besuch von Zons? Ein kleiner Anflug von Wehmut vielleicht, oder die Sehnsucht nach der heilen Welt von damals? Sie hat es nie gegeben! Alte Mauern und Häuser erzählen das Leben der Vergangenheit. Es war zu allen Zeiten mühselig, gefährdet und bedroht. Trotzdem wußten die Leute zu leben und zu lachen. Sie freuten sich, wenn sie den zahlreichen Schicksalsschlägen „wunderbarerweise" entgangen waren. Sie trauerten um den Verlust der Dahingerafften.
Anker und Nebelhorn, sie könnten an dieser Stelle als symbolhaftes Zeichen der Vergänglichkeit stehen für diese Geschichte, deren Fortsetzung einmal ein anderer schreiben wird.